AF482855

LES
UNIVERSITÉS CATHOLIQUES

DISCOURS

PRONONCÉ

à la Séance solennelle de clôture

DU

CONGRÈS CATHOLIQUE DE LILLE

PAR

Mgr CARTUYVELS

Vice-Recteur
de l'Université catholique de Louvain

LILLE

IMPRIMERIE LEFEBVRE-DUCROCQ

1883

LES
UNIVERSITÉS CATHOLIQUES

DISCOURS

PRONONCÉ

à la Séance solennelle de clôture

DU

CONGRÈS CATHOLIQUE DE LILLE

PAR

Mgr CARTUYVELS

Vice-Recteur

de l'Université catholique de Louvain

LILLE

IMPRIMERIE LEFEBVRE-DUCROCQ

1883

LES
UNIVERSITÉS CATHOLIQUES

Messeigneurs,

Messieurs,

Je vous apporte le salut fraternel de la catholique Belgique. *(Applaudissements.)*

J'apporte spécialement à votre Université catholique, l'expression des sympathies ardentes de celle que vous voulez bien appeler sa sœur aînée, l'Université catholique de Louvain. *(Nouveaux applaudissements.)* En présence de ce magnifique auditoire, en présence de ces manifestations religieuses qui se succèdent depuis quatre jours, je ne puis m'empêcher, Messieurs, d'être frappé du souvenir que j'ai emporté de Lille, lorsque, il y a quelques années, j'ai eu le bonheur d'assister à l'inauguration de votre Université catholique.

Ah! oui, j'ai la mémoire pleine encore des scènes magnifiques et religieuses que j'ai vues alors se dérouler sous les voûtes de vos églises !

Ce vénérable Cardinal, si puissant en œuvres, doit

tressaillir dans sa tombe en voyant son héritage recueilli par un si grand cœur et des mains si vaillantes. *(Vives acclamations.)* Ces Évêques, fils de votre cité, vous apportant, avec le concours de la gloire de leur vie, la bénédiction de leur parole et l'ardeur de leur enthousiasme ; ce clergé nombreux, cette population émue et sympathique, ce défilé majestueux du corps professoral, cette bénédiction du Souverain-Pontife articulée dans la langue de l'Église : tout cet ensemble de grandes et religieuses émotions a laissé dans mon souvenir une impression profonde qui ne s'en effacera jamais ! *(Applaudissements.)*

Le mouvement enthousiaste qui se manifestait alors devait s'affirmer par des faits. L'Université de Lille a grandi ; elle atteste son existence par des œuvres grandioses qui commandent le respect. Vous avez érigé, avec une magnificence royale, le palais de la science chrétienne, et l'œil de l'étranger, comme celui de l'adversaire, s'arrête étonné devant ces édifices, et se demande en vue de quel grand dessein des mains privées ont pu dresser un monument pareil ? *(Applaudissements.)* Vous soutenez vaillamment la plus redoutable et la plus déloyale des concurrences ; vous êtes debout, plus vivants et plus forts que jamais, affirmant que l'épreuve vous a trouvés inébranlables, — comme le grand chêne, qui, seul au sommet de la montagne, brave les vents et les tempêtes, parce que sa racine s'appuie sur le rocher indestructible ! *(Tonnerre d'applaudissements.)*

Quand je compare ce qui s'est fait ici, non par les

efforts successifs d'un demi-siècle, comme chez nous, avec l'appui de la nation entière, mais en cinq ans, à une époque de bouleversements politiques ; quand je pense que vous avez dû, comme Esdras devant la ville sainte, tenir l'épée d'une main et bâtir de l'autre, en dépit de tentatives aussi ennemies de la science que de la foi ; quand je songe que votre œuvre est debout, malgré l'hostilité haineuse d'ennemis tout puissants qui nous reprochent de ne pas sacrifier à l'idole favorite des temps modernes, comme si le progrès de la science et le développement des intérêts matériels avaient jamais été indifférents à l'Église ; quand je vois votre œuvre debout, malgré tant d'œuvres que vous avez à soutenir, malgré les manifestations de l'anarchie, les destructions du présent, les craintes de l'avenir ; quand, malgré tout cela, je vois que vous ne laissez pas d'assurer avec un calme surhumain les destinées de cette grande œuvre, je ne puis m'empêcher, Messieurs, d'exprimer devant vous, l'admiration qu'inspire au monde entier la persévérance de chrétiens aussi éprouvés ! *(Longs applaudissements.)*

Oui, Messieurs, c'est une grande œuvre de foi que vous avez accomplie dans un siècle de scepticisme ; et ce monument magnifique que vous avez érigé montre bien que la foi soulève toujours des montagnes. C'est une grande espérance aussi pour l'avenir : car une nation qui, au milieu de tant d'épreuves, produit des œuvres pareilles n'est pas près de disparaître de la face du monde ! *(Applaudissements.)*

Appelé à prendre la parole dans cette assemblée distinguée qui, depuis quatre jours, s'intéresse à l'exposé de toutes les œuvres chrétiennes, de quel sujet pourrais-je vous entretenir, sinon de votre Université catholique?

Vous avez entendu tout à l'heure, sous des formes variées, une parole enchanteresse, don harmonieux de la race des Gaules, que César notait déjà, dans ses *Commentaires*, comme le trait distinctif de vos belliqueux ancêtres : *Rem militarem et argute loqui*. C'était le caractère du Gaulois antique. Ce courage peut être trahi par la victoire, cette parole peut servir à défendre l'erreur; mais quand l'un et l'autre sont au service du droit et de la vérité, rarement ne sont-ils pas invincibles ! *(Vifs applaudissements.)*

Je ne vous apporte, Messieurs, rien de semblable ; je n'ai pas le don des paroles harmonieuses ; l'accent du Belge est rude comme son climat ; mais peut-être a-t-il en partage une force qui sait le chemin du cœur, la sincérité, la droiture, l'énergie de sa foi. *(Applaudissements.)*

Je m'abstiendrai, pendant les courts instants qui me sont donnés, de vous développer des théories philosophiques, de vous montrer comment les destinées d'une nation sont liées aux vicissitudes de ses écoles, comment une nation peut être élevée, formée, ennoblie ou bien pervertie et abaissée par l'enseignement qu'elle se donne. Je ne vous montrerai pas comment vos adversaires et les nôtres comprennent l'importance de l'instruction, à ce point qu'ils ont fait de la question de l'éducation, résolue dans le sens maçonnique, le pivot

de la destruction du christianisme. Je préfère vous ins-
truire par des faits.

La Belgique, placée à côté de vous, dans des conditions
analogues, est comme un champ d'expérience où, depuis
cinquante ans, on a pu juger les fruits d'un enseignement
supérieur chrétien. Sous l'inspiration de ses Évêques,
la Belgique catholique s'est mise à l'œuvre, et elle a
réalisé un monument magnifique, où, depuis cinquante
ans, elle recueille les bienfaits de l'enseignement supérieur. Cette œuvre, à ses débuts, a traversé les mêmes
phases que la vôtre ; elle est devenue chère au cœur de
la nation, et, au soleil de la liberté, elle a conquis sa
place honorée et respectée ; *(Applaudissements)* elle constitue, — j'ose le dire, Messieurs, quoique j'aie l'honneur
immérité de lui appartenir, — elle constitue une gloire
vivante de la Belgique. *(Nouveaux applaudissements.)*

Il n'y a plus aujourd'hui, de par la Belgique, je ne
dirai pas une cité, mais pas une bourgade, pas un village, qui ne compte, parmi ses notables, parmi ses
habitants instruits, un ancien étudiant de notre chère
Université catholique ! *(Applaudissements.)*

Un grand évêque, qui fut, en 1834, l'un des promoteurs
de l'Université, prononçait, dès lors, une parole mémo-
rable et que le temps a pleinement justifiée : « Dieu
nous donne, disait-il, de garder notre Université pendant quarante ans ; et alors, quoi qu'il advienne, la
Belgique chrétienne sera sauvée, car les chrétiens qu'elle
aura formés sauront défendre notre liberté religieuse,
et, dût-elle périr un instant, la relever de ses ruines ! »
(Vives acclamations.)

Cette grâce et cette fécondité, qui s'attachent à toutes les œuvres de Dieu, ont été largement départies à l'Université de Louvain, œuvre commune de nos évêques et de nos populations catholiques. Pour noter, en quelques traits frappants, les résultats pratiques de l'œuvre, sans entrer dans des détails d'organisation déjà connus, je résume en quatre chefs principaux le résultat social que nous devons lui reconnaître parmi nous.

D'abord, la bénédiction du nombre. On peut dire de l'Université de Louvain, en lui appliquant une parole prophétique adressée à l'Église : *Renovabitur ut aquilæ juventus tua.*

En 1834, quand l'Université fut fondée à Malines, elle comptait 86 élèves. Or, voici le progrès constant du chiffre des inscriptions ; je me bornerai, d'une part, aux cinq premières années, et de l'autre, aux cinq dernières :

Tableau des inscriptions prises à l'Université de Louvain.

En 1834-35....	86
1835-36....	261
1836-37....	362
1837-38....	443
1838-39....	465

Et voici maintenant les cinq dernières années :

En 1877-78....	1261
1878-79....	1340
1879-80....	1451
1880-81....	1512
1881-82....	1592

Sans doute, Messieurs, ces chiffres ont de quoi réjouir vos essais et encourager votre persévérance. *(Applaudissements.)*

Le total des inscriptions prises, depuis la première page du registre, où figurent, à côté l'un de l'autre, notre Archevêque, le vénérable ancien recteur de l'Université, et le vaillant évêque de Namur, Mgr Gravez, s'élève à 39.763.

Si nous divisons ce chiffre par 5, durée moyenne des études universitaires, nous arrivons à un contingent de 8.000 élèves environ faisant aujourd'hui partie des classes dirigeantes. *(Applaudissements)*

Messieurs, la légion romaine comptait 6.660 hommes, si je ne me trompe ; je me demande quelle ne doit pas être l'influence, dans un pays limité comme le nôtre, d'une légion de chrétiens intelligents, courageux et fidèles, comprenant, non pas 6.000, mais 7 à 8.000 légionnaires ! *(Applaudissements.)*

Voilà donc, Messieurs, un premier résultat. Mais ce résultat, si beau et si consolant qu'il paraisse, serait peu de chose en lui-même, si l'Université ne pouvait garantir aux nombreux élèves, que la confiance des familles lui envoie, la conservation de leurs sentiments chrétiens. Ce second résultat, j'en puis attester mon expérience, se réalise de mieux en mieux tous les jours. Il n'y a guère d'élèves qui quittent l'Université, — les exceptions sont si rares, qu'on pourrait les nommer, — sans garder dans toute leur intégrité leurs sentiments religieux et leurs convictions chrétiennes !

Chaque année, 400 élèves, quittant la rhétorique

des différents collèges, viennent se faire inscrire à Louvain. Soit dit en passant, j'aime à faire observer que l'Université de Louvain maintient le niveau des études, malgré les expériences fâcheuses d'un gouvernement plus soucieux de détruire la foi, qu'attentif à développer la science. La loi n'exige plus aujourd'hui de conditions d'admission dans les Universités; aussi, les Universités de l'Etat sont-elles farcies de fruits secs, c'est-à-dire d'une quantité d'élèves défectueux qui, à peine au sortir de la quatrième ou de la troisième, ont fait irruption sur les bancs universitaires, sans avoir, bien entendu, une formation littéraire suffisante pour profiter des cours. L'Université de Louvain a maintenu le niveau des études humanitaires, en exigeant de tous les élèves qui viennent fréquenter ses cours, un certificat d'humanités complètes : mesure sage et préventive qui sera vraisemblablement étendue à toutes nos universités belges.

Le recrutement régulier de l'Université catholique est dû soit aux congrégations religieuses, qui comptent en Belgique des établissements très prospères, soit aux institutions dirigées par notre vaillant clergé, dont les maîtres ont été eux-mêmes se former à l'Université. Ainsi, les élèves nous arrivent admirablement préparés par une foi profonde à l'épreuve de la liberté, si dangereuse à leur âge ; et la liberté leur est octroyée dans des conditions telles, qu'elle les garde à la fois contre les désastres du cœur, et contre les désastres de l'esprit.

Aussi, la plupart de nos élèves continuent-ils, à l'Université, les pratiques de la vie chrétienne du collège.

Qu'il me soit permis, — quoique l'éloge soit peut-être déplacé dans ma bouche — de vous citer quelques-uns des faits qui attestent combien l'esprit de piété est vivace au sein de notre jeunesse universitaire.

A côté des sociétés littéraires et juridiques, de la Société médicale, des Cercles industriel et agricole, tous très florissants, il y a, dans l'Université, huit conférences de Saint-Vincent de Paul. Les pauvres ont peine à suffire au zèle de leurs jeunes visiteurs ; ce qui, certes, est bien l'inverse de ce qui se pratique ailleurs. *(Rires et applaudissements.)*

La congrégation de la Sainte Vierge, « la sodalité des étudiants, » dirigée par les pères Jésuites, compte 800 membres.

Chaque année, nous assistons à quelque manifestation éclatante qui atteste que les sentiments religieux des étudiants ont conquis la liberté de la prière dans les rues et les places publiques.

Quand le jubilé est venu répandre les bénédictions et le pardon d'en haut sur l'Eglise universelle, l'Université de Louvain a visité les églises en procession, la croix en tête, bannières déployées, au chant des Litanies et du *Miserere*, déroulant, par les rues remplies d'une foule étonnée et respectueuse, l'admirable cortège de ses professeurs et de ses nombreux élèves. *(Applaudissements.)*

Chaque année, le sanctuaire miraculeux de Marie, à Montaigu, visité par la piété de la Belgique entière, voit accourir un pèlerinage d'étudiants. Ils choisissent, vers l'époque des examens, une nuit bien claire et bien sereine, pour aller, priant toute la nuit, communier à l'aube au pied de l'autel de la Sainte Vierge, et implorer sa bénédiction maternelle. Ce pèlerinage,— que j'ai eu le bonheur de faire, et dont je ne perdrai jamais le souvenir, — rappelle les pèlerinages des temps anciens par l'énergie des muscles qu'il exige. Il y a six belles lieues de Louvain à Montaigu ; on les fait joyeusement à pied, alternant la prière avec le chant des cantiques, et agrémentant les endroits gracieux et les sites pittoresques de la route d'illuminations aux feux de bengale. *(Applaudissements.)*

Je ne m'étendrai pas, Messieurs, sur ce qu'il y a de consolant à voir la jeunesse de 20 à 25 ans garder ainsi précieusement les sentiments de piété qu'elle a puisés au sein d'une famille chrétienne, et s'honorer partout et toujours de ses manifestations religieuses sans souci du respect humain. Au reste, dans la lutte ardente et acharnée qui divise aujourd'hui la Belgique en deux camps, au milieu des institutions innombrables destinées à préserver toutes les œuvres chrétiennes, il est impossible de rester neutre : à moins d'être un lâche, il faut prendre le parti de Jésus-Christ ! *(Longs applaudissements.)*

Tel est l'esprit général qui règne à l'Université. Aucune manifestation hostile au sentiment religieux n'oserait se produire. A défaut d'autres mesures, elle serait immédiatement frappée de discrédit, et le mépris général ne manquerait pas de la flétrir. Si une manifestation quelconque devait aller au sein de la jeunesse universitaire jusqu'au prosélytisme, il ne serait pas nécessaire d'appeler sur elle les foudres de l'autorité académique :

les étudiants eux-mêmes en feraient prompte et sommaire justice. *(Applaudissements.)* Dans cet ordre d'idées, ils ont bien plus besoin d'être retenus et modérés que d'être poussés.

Mais cet esprit chrétien qui se manifeste dans les œuvres et dans la profession de la foi catholique se conserve-t-il au sortir de l'Université? Quand les étudiants sont soustraits à cette atmosphère religieuse, qu'ils échappent à l'influence de maîtres chrétiens, à ce milieu où sont en honneur les saines croyances et les pieuses pratiques, les voit-on rester fidèles à leurs sentiments religieux ?

Oui, Messieurs ; et ils sont fiers de l'attester partout. Dans toutes nos œuvres chrétiennes, impossible d'en trouver une où l'on ne rencontre pas quelque ancien élève de l'Université de Louvain. Ce sont eux, qui continuent les familles chrétiennes, qui alimentent les œuvres, qui perpétuent la Belgique catholique. Ces jeunes hommes devenus à leur tour chefs de famille, en voyant bafouer leurs croyances, sentent grandir en eux les sentiments que l'Université a taché de leur inculquer et qui consistent à aimer l'Église sans craindre ni le mépris ni la persécution. *(Applaudissements.)*

Aussi, quel secours les ministres du sacerdoce ne reçoivent-ils pas dans leur bourgade éloignée, dans leur village solitaire, lorsqu'un médecin, sorti de l'Université catholique, vient s'y établir ! On voit avec bonheur nos jeunes docteurs envahir peu à peu jusqu'au territoire qui semblait être jusqu'ici le domaine exclusif des universités officielles. Dans les grandes villes, dans les centres industriels, quelle salutaire influence n'exerce pas un médecin croyant, moral, dévoué, soucieux des âmes en guérissant les corps, alliant son grave et fécond apostolat à celui du prêtre, du prêtre qui devient à son tour son fidèle ami. *(Vive adhésion.)*

Aussi quelle confiance et quelle estime s'acquièrent ces hommes dévoués, aussi connus au chevet du pauvre qu'à l'Académie royale où ils sont en majorité. Quand ils quittent l'Université après des études qui, en moyenne, se sont prolongées pendant sept années, l'*Alma Mater* les réclame avec une fierté légitime comme ses aînés. Je me rappelle souvent en songeant à eux une parole que j'ai lue sur une tombe dans la catacombe de Saint-Calixte : ΔΥΟΝΥΣΙΟΝ ΙΑΤΡΟΝ ΠΡΕΣΒΥΤΕΡΟΝ ; Denis médecin prêtre. Voilà l'idéal de la piété dans la charité ! *(Longs applaudissements.)*

Les avocats sortis du cours de droit de Louvain sont aujourd'hui, me dit-on, en majorité au barreau de Bruxelles, grâce sans doute au souci qu'a la politique libérale, de remplir les tribunaux de juges ministériels. Le barreau y a gagné des bâtonniers catholiques. *(Applaudissements.)*

On rencontre beaucoup de jeunes gens sortis de Louvain parmi les juges de paix. Investis d'une mission de confiance, ils peuvent produire ou empêcher un mal immense. Il y en a surtout dans les campagnes une grande quantité qui sortent des cours de droit de Louvain, bien que le gouvernement s'efforce de remplacer les défunts par des docteurs en droit venus d'ailleurs.

Le Hainaut commence à connaître et à apprécier les

chefs d'industrie que lui procurent nos écoles spéciales. L'école des mines de Louvain a peut-être été formée trop tard ; mais, à l'heure qu'il est, dans un temps où les passions populaires sont surexcitées et exploitées, où les ouvriers sont l'objet de tant de tentatives de séduction et où l'action révolutionnaire les soulève à la fois contre la propriété et contre l'Eglise, heureuse l'usine qui possède un ingénieur de Louvain, et qui trouve en lui un cœur vaillant et généreux, capable de s'intéresser au malheur du pauvre, et de défendre l'ouvrier contre les sollicitations malsaines ! *(Applaudissements)*.

En se plaçant, nos élèves se retrouvent dans les bonnes œuvres. Nous les voyons dans les conférences de Saint-Vincent-de-Paul, dans la presse, dans tous les comités charitables ou politiques où s'affirme la vie, où s'organise la défense du catholicisme. Ils sont dès l'Université formés à toutes les luttes. Aussi, dès qu'ils sont rentrés chez eux, sont-ils prêts à s'unir pour constituer une société catholique. L'épreuve ne les effraie pas, parcequ'ils se savent soutenus ; ils sentent que toute défaillance serait taxée de lâcheté, et que, du reste, toutes les épreuves sont adoucies par la confraternité chrétienne. *(Vifs applaudissements.)*

Et maintenant, Messieurs, quelle est la mesure dans laquelle ces résultats se produisent? Peut-on chiffrer exactement, baser sur des faits précis, le concours social apporté par l'Université catholique à la défense des intérêts religieux et conservateurs de la nation? Une seule statistique vous fera comprendre l'étendue de ce concours. Je la trouve dans les examens de sortie couronnés par un diplôme définitif dans la précédente année scolaire 1880-1881.

Nous y comptons : douze docteurs et licenciés en théologie ; douze licenciés en lettres et philologie. Ceux-ci, tous ecclésiastiques, sont désignés par NN. SS. les Evêques, pour l'enseignement dans les collèges ecclésiastiques et les séminaires. Dernièrement il m'était donné de me rendre dans un canton éloigné, pour l'accomplissement d'un devoir sacerdotal. Quelle joie pour moi de rencontrer dans un seul petit séminaire jusqu'à dix prêtres anciens étudiants de Louvain, ayant gardé de l'Alma Mater le plus filial souvenir !

Cette même année, l'Université a conféré 40 diplômes de docteur en droit, légalisés par le gouvernement ; 34 de candidat-notaire, 45 de médecin, 20 de pharmacien et 21 d'ingénieur civil, ingénieur des mines, des ponts et chaussées, etc., et enfin 6 diplômes d'ingénieur agricole. Je dois dire que ceux-ci, les derniers nés de la famille universitaire, sont, comme les Benjamins de la famille, entourés de toutes les faveurs. Le premier d'entre eux a été appelé dans le Nouveau-Monde par le gouvernement de Buenos-Ayres, pour établir dans cette contrée un institut agricole semblable au nôtre, et y développer les immenses ressources de l'agriculture par la science moderne. Outre ces 200 étudiants occupant immédiatement une position sociale, 20 autres ont subi des examens de sortie sur des matières spéciales : docteurs en sciences politiques et administratives, ingénieurs, chimistes, architectes, etc.

Et maintenant cette influence de plus de 200 hommes

jeunes, forts, instruits, remplis de convictions généreuses, fiers de leur foi, connaissant le vide de la libre-
pensée et la destruction qu'elle fait, au nom du progrès,
dans l'âme de ceux qui n'ont pas le bonheur de posséder
la foi chrétienne, croyez-vous que ce soit peu de chose
au milieu du temps où nous vivons? L'union de pareils
hommes, unis par les liens puissants d'une entente basée
sur la vérité est invincible ! *(Applaudissements.)*

Messieurs, vous en avez mille preuves au milieu de
vous, où une poignée d'hommes unis et résolus parvien-
nent à susciter chaque année tant de belles et grandes
œuvres ! *(Applaudissements.)*

Chaque année, l'Université catholique répand dans
l'élite des familles chrétiennes, dissémine dans les cités
et dans les bourgades, 200 hommes d'élite, instruits,
parfaitement formés, convaincus, prêts à tous les
dévouements et à tous les sacrifices. C'est par eux que
se continuent les races chrétiennes et les familles
influentes par l'honorabilité, le capital et l'intelligence.
C'est par eux que se fondent dans les cités et les bourgades
les réunions catholiques, les associations, les cercles,
les sociétés ouvrières, les conférences de Saint-Vincent-
de-Paul ; en un mot, il n'y a point de réunion à laquelle
préside une pensée chrétienne, où s'affirme un dévouement, où l'on étend le bienfait de la foi qui sauve, sans
que l'on y trouve un ancien étudiant de Louvain. *(Vifs
applaudissements.)*

L'influence intellectuelle exercée par l'Université de
Louvain sur la nation est une chose parfaitement appré-
ciable, d'abord par les élèves qu'elle forme et qu'elle

répand dans l'ensemble du corps social avec des principes solides et des convictions généreuses. Deuxièmement, cette influence est due au nombreux corps professoral de Louvain, qui comprend 80 membres cultivant avec succès tout le domaine varié des sciences. Il n'est guère de question actuelle ou importante qui ne soit traitée par l'un d'entre eux. Bien souvent des attaques produites contre la religion, et qui semblaient se présenter sous des dehors redoutables, se sont trouvées réfutées par tel ou tel travail d'un professeur de Louvain qui, jusque-là, n'était connu de personne. Permettez-moi, Messieurs, de vous en citer quelque exemple récent.

Parmi les livres dont la libre-pensée du XIXe siècle a semblé faire un grand cas, figure en première ligne le livre de Zoroastre, dont la morale, moins impure que celle qui se dégage des autres ouvrages du paganisme, se présente comme une expression moins imparfaite de la morale naturelle. La Franc-maçonnerie fait grand état de l'œuvre de Zoroastre. D'après elle, l'Evangile ne serait qu'une compilation de documents anciens, alliés à des légendes hindoues et à des fables grecques. Un de nos professeurs s'est donné pour mission de faire connaitre l'*Avesta* réel; il en a donné une édition complète, et a si bien exposé la prétendue morale que l'on voulait mettre au-dessus de la morale de l'Évangile, qu'après cela je doute fort qu'il soit plus jamais question de Zoroastre. Le même professeur a trouvé moyen de créer à l'Université un cours de haute littérature orientale (Sanskrit, zend, pehlvi, etc.), qui est actuellement suivi par quinze élèves.

Or, il s'est trouvé récemment en France un libre penseur de Pondichéry, qui a publié deux volumes pour prouver que l'Évangile n'est qu'une transformation des traditions de l'Inde, que le mot Christ n'est qu'une traduction du sanscrit *Krshna*, et qui expliquait les textes de l'Évangile par la légende sacrée de l'Inde. Le même savant a réduit à néant toutes les allégations de ces deux volumes, en donnant à leur auteur une leçon dont celui-ci a tellement profité, que, dans le livre suivant, il n'a plus même été question une seule fois des légendes hindoues, tellement on lui avait appris la grammaire et l'orthographe et le sens des mots d'une langue qu'il ignorait ! *(Applaudissements.)*

Je pourrais multiplier les exemples de services analogues rendus à la vérité chrétienne. Je préfère m'en tenir à un fait général dont l'importance n'échappera à personne. Par sa seule existence, l'Université de Louvain impose à toutes les autres universités le respect des saines doctrines. C'est grâce à l'Université de Louvain que dans les écoles de philosophie de l'État l'enseignement est encore spiritualiste. Dans la crainte de voir les familles s'éloigner davantage encore des sources douteuses de l'enseignement officiel, les professeurs de l'État se gardent d'attaquer la religion, même d'une façon détournée. C'est là, Messieurs, un immense résultat. Si nous n'avions point l'Université catholique pour établir partout la vérité, dans le domaine philosophique et juridique aussi bien que dans les sciences naturelles, nous serions inondés, sans réserve et sans contestation, d'un déluge d'erreurs qui gagnerait

bientôt la nation tout entière. C'est grâce à cette affir-
mation chrétienne, totale, complète au point de vue
scientifique, et attestée par des livres et des ouvrages
remarquables, que l'enseignement de Louvain réagit sur
l'enseignement officiel, et que l'impiété est obligée de
se surveiller dans les chaires pour ne point se heurter
à de puissantes contradictions. *(Vifs applaudissements.)*

Il y a plus. L'Université de Louvain prête aux universités de l'Etat, et à la nation tout entière, un précieux
concours dans l'organisation de l'enseignement supérieur. Ceci est aisé à comprendre. L'Université catholique est absolument libre dans le recrutement de son
corps professoral ; l'État, au contraire, récompense trop
souvent par une chaire des services politiques. Quelle
valeur peuvent bien avoir ces professeurs improvisés
qu'un arrêté royal vient bombarder maîtres, aptes à
enseigner ce qu'ils n'ont jamais appris ?

Ce recrutement défectueux du corps enseignant de
l'Etat est une cause puissante de l'affaiblissement des
études. L'Université de Louvain, elle, est libre dans ses
choix, et elle s'efforce toujours de trouver dans les
professeurs qu'elle s'aggrège l'union de deux choses
indispensables : une science solide et des convictions
chrétiennes inébranlables. *(Longs applaudissements.)*

Ces convictions chrétiennes assurent à l'enseignement
des instruments plus actifs, plus dévoués, plus intelligents que les autres. Que ne fait pas le prosélytisme
religieux, le sentiment du devoir dans une âme chrétienne ? Vous en avez la preuve sous les yeux. Pourquoi
les chrétiens ont-ils plus de succès dans l'œuvre de

l'enseignement ? Pourquoi les tentatives de ses ennemis sont-elles souvent frappées de stérilité ? Pourquoi enfin, dans notre pays, voyons-nous les internats officiels se fermer les uns après les autres ? Parceque, pour se consacrer à l'œuvre de l'enseignement et de l'éducation, il faut une patience inaltérable, et il faut aimer les âmes ; il n'y a que la grâce de Dieu qui puisse soutenir long-temps un si utile dévouement ! *(Vifs applaudissements.)*

De plus nous avons à Louvain les mouvements plus libres, quand il s'agit de réformer les institutions exis-tantes ou d'agrandir le cadre de l'enseignement. Quand l'Etat veut réformer, il lui faut au moins dix ans pour introduire le moindre changement indispensable : il faut compter avec les mille rouages de la machine gouverne-mentale ; il faut créer une majorité pour voter ou modifier la loi, — et il n'est pas facile, aujourd'hui, vous le savez, de créer des majorités, surtout sur des questions accessoires qui ne rapportent point. *(Rires et applau-dissements.)* Puis, il faut trouver un ministre qui ait le loisir de s'occuper de l'enseignement supérieur, et qui ne préfère pas laisser dans les cartons les questions irritantes ; ils en ont, ma foi, assez d'autres sur les bras !

Dans les Universités libres, aussitôt qu'une réforme paraît nécessaire, le Conseil académique délibère, et, immédiatement, avec l'agrément des évêques, le chan-gement demandé est introduit.

C'est ainsi que l'Université de Louvain reste à l'avant-garde de l'enseignement supérieur en Belgique. C'est ainsi que, depuis dix ans, elle possédait des instituts pour les recherches microscopiques, avant que le pou-

voir en eût doté les Universités de l'Etat. C'est ainsi
que, déférant au vœu de Léon XIII, elle a créé de toutes
pièces, au sein de la Faculté de philosophie, un cours
de philosophie thomiste, suivi déjà par des élèves nombreux. C'est ainsi qu'elle a institué des cours de littérature sanscrite, zend, pehlvie, de langues si savantes
que leur nom même ne nous est pas familier ! *(Rires et
applaudissements.)* C'est ainsi qu'elle a établi depuis
plusieurs années, à côté de l'école des mines, une école
supérieure d'agriculture.

Voilà, Messieurs, comment l'Université de Louvain
sauvegarde les sentiments religieux de ses élèves,
comment elle sauvegarde le niveau intellectuel des
hautes études, le mouvement de la science et le développement de la vérité. *(Longs applaudissements.)*

S'il m'était donné de prouver l'action sociale que
peut exercer une œuvre comme l'Université de Louvain,
c'est-à-dire de montrer comment toutes les institutions
subissent, à la longue, l'influence d'un corps nombreux,
animé du même esprit et des mêmes convictions, je
résumerais en trois mots cette action puissante pour le
bien, je dirais que, pour la produire, il faut des hommes,
il faut une doctrine, et il faut des œuvres.

Et bien, Messieurs, ces trois forces, l'Université catholique les possède, les réunit, les prépare.

Elle a formé des hommes, des chrétiens, dans le sens
de l'Evangile ; elle leur a montré Jésus-Christ pour idéal,
et leur a fait concevoir toute l'étendue de leur devoir.
Elle leur a montré que le devoir ne s'arrête pas à la
conscience et au foyer, mais qu'il embrasse aussi le

domaine de la vie sociale ; qu'il n'est pas permis de se désintéresser du mouvement dans lequel sont engagées toutes les nations, et dont nous subissons tous les conséquences formidables.

L'Université catholique forme donc des élèves, initiés non seulement à la vie chrétienne du foyer, mais prêts à affronter les orages du forum, les fatigues de la vie publique, les mêlées de la lutte électorale, et décidés surtout à défendre, par la parole, par la plume, par l'association et par le sacrifice, toutes les institutions religieuses menacées aujourd'hui par l'impiété ! *(Longues et vives acclamations.)*

Le second élément de restauration, c'est la doctrine. Et bien, Messieurs, cette doctrine, elle n'existe plus que dans l'Université de Louvain. Dans les autres universités, nous trouvons, hélas ! un misérable divorce entre la science et la vérité divine, et nous voyons préconiser, comme l'expression dernière de la science moderne, le rejet de toute religion et de toute notion surnaturelle. Et qu'arrive-t-il alors ? Comme châtiment, nous voyons la pensée condamnée à errer dans l'ombre sans jamais pouvoir se fixer sur un de ces grands principes, ou sur une de ces immuables vérités où l'on peut poser les assises de la restauration sociale. *(Vifs applaudissements.)*

Mais, il ne suffit pas de former des hommes, il ne suffit pas d'avoir des doctrines : il faut produire des œuvres. Ces œuvres, c'est à l'Université que nous les devons.

C'est au début de la vie publique, quand l'homme

prend possession de sa liberté et qu'affranchi de toutes lisières, il se déploie librement, c'est alors qu'il apprend à agir, à se dévouer pour ses semblables, et qu'il applique les enseignements reçus. En dehors de l'Université, cette grande et puissante action pour le bien est limitée à quelques hommes d'élite, à quelques associations religieuses, mais elle reste malheureusement toujours renfermée dans ce cadre étroit; elle ne parvient pas à atteindre les masses, à habituer tous les hommes à considérer les sentiments religieux comme une sauvegarde, comme une base solide pour toutes les institutions sociales, un condiment pour la science, un soutien dans les luttes pénibles du devoir et de la vertu. *(Applaudissements.)*

Au seuil de la vie publique, l'Université apprend tout cela à ses élèves. Elle trempe les cœurs, elle les élève et les fortifie pour qu'ils traversent sans défaillances tous les déboires, toutes les contrariétés, toutes les persécutions qui attendent ici-bas celui qui se dévoue à la cause du bien. *(Applaudissements.)*

Et maintenant, j'ai hâte de conclure, car j'ai honte d'abuser si longtemps de votre attention bienveillante. *(De toutes parts :* Non, non !) La lutte actuelle, acharnée et décisive, existe entre deux principes qui se disputent le domaine du monde. Je ne sais pas si, à l'époque finale où l'Ante-Christ viendra résumer toutes les forces de l'impiété, la lutte pourra s'établir d'une manière différente, plus complète et plus radicale qu'elle ne l'est aujourd'hui.

Supposez l'Ante-Christ reconnu comme le chef unique

de ces innombrables sociétés secrètes répandues aujourd'hui sur toute la surface du globe, pour l'extermination de la société chrétienne, et vous aurez, dans une mesure générale, la situation d'aujourd'hui.

Une immense association s'étend sur toute la terre pour anéantir le règne de Jésus-Christ. Elle s'avance implacable vers la domination universelle, formulant un programme que nous voyons exécuter dans toute l'Europe : en Italie, autour du pape dépossédé et captif; en France, où la destruction promène son niveau stupide sur toutes les œuvres qui font la grandeur et la gloire de la nation... *(Longues et vives acclamations.)*

Et de même en Belgique, comme partout ailleurs, les ennemis de Dieu ont entre les mains ces trois forces qui remuent le monde : la banque, la presse et les sociétés secrètes, maîtresses du gouvernement.

Contre tant de forces coalisées, qu'avons-nous pour résister? Nous avons, Messieurs, quelque chose de plus fort que tout cela : nous avons la vérité, nous avons la grâce de Dieu, et nous avons aussi les dissensions intestines de nos ennemis qui empêchent les œuvres sataniques de s'étaler au grand jour, et qui arment les uns contre les autres, les satisfaits et les déshérités. *(Vifs applaudissements.)*

Cette lutte acharnée a aujourd'hui un objectif déterminé : l'enseignement de la jeunesse. S'il est un fait qui apparaît incontestable, même aux yeux d'un observateur inattentif, c'est que ceux-là qui sont les maîtres de l'éducation de la jeunesse sont, en réalité, les maîtres de la nation future ; c'est que, dans vingt-cinq ans, la nation aura absolument la forme qu'on donne aujourd'hui à la jeunesse par l'enseignement.

Pourquoi l'impiété étend-elle une main parricide sur l'éducation chrétienne des écoles primaires, des collèges et des Universités ? C'est parce qu'elle sait que le jour où l'enseignement sera perverti sans remède, l'avenir lui appartiendra sans conteste. *(Applaudissements.)*

C'est pour cela, Messieurs, que le vrai théâtre de la lutte est aujourd'hui le terrain de l'enseignement, c'est pour cela que le plus pressant devoir de tous les catholiques consiste aujourd'hui à défendre la foi des générations futures, à sauver pour l'Eglise, à sauver pour la patrie et pour l'éternité les jeunes âmes que l'enfer a juré d'annexer à son royaume ! *(Nouveaux applaudissements.)*

Vous avez fait, Messieurs, de grandes choses : à force de dévouement et de sacrifices, vous avez multiplié les écoles ; vous avez déployé une prodigieuse énergie, devant laquelle la catholique Belgique elle-même s'incline avec admiration ; sans avoir des moyens d'action aussi étendus que ceux dont elle dispose, vous avez vaillamment imité son exemple, et l'on vous a vus, comme on vous le disait tout à l'heure, dépenser dans une seule année, deux millions pour les soixante ou soixante-dix écoles primaires de votre cité ! *(Vifs applaudissements.)*

Eh bien ! Messieurs, s'il m'était donné en partant de vous laisser comme souvenir de ma parole une exhortation pratique, je vous dirais : Soignez votre état-major! Dans les campagnes décisives, la valeur des soldats, le courage de l'individu est peu de chose ; la supériorité des armes, la supériorité du nombre sont peu de chose, si l'on n'a pas la tête qui dirige.

Ainsi dans l'œuvre de rénovation sociale à laquelle vous consacrez tant de sacrifices, si les classes dirigeantes, si les sommités sociales ne sont pas chrétiennes, ne croyez pas que vous parviendrez jamais à ramener la multitude aux principes chrétiens : vous ne réaliserez jamais qu'une œuvre de défense accessoire; et, quoi que vous fassiez, vous serez accablés par ce vaste mécanisme, par cette immense bureaucratie des gouvernements modernes, et vous ne ferez, hélas, que réparer quelques ruines au lieu d'ériger le monument durable de l'avenir. *(Vifs applaudissements.)*

Votre Université se présente aujourd'hui aux yeux de la catholicité tout entière, toute resplendissante de cette triple auréole : elle est jeune, elle est courageuse, elle est persécutée : voilà ce qui lui gagne toutes les sympathies.

Chaque fois qu'il nous est donné, à nous chrétiens, qui, par delà des frontières, suivons d'un œil anxieux vos luttes et vos épreuves, chaque fois qu'il nous est donné de voir quelques-uns de ces arrêtés maçonniques, qui témoignent pour le progrès de la science un respect hypocrite, et qui n'ont en réalité d'autre but que l'écrasement de la liberté universitaire, nos cœurs frémissent et nous pensons à vous ! *(Longs applaudissements.)*

Eh bien, Messieurs, si l'expression de cette sympathie ardente peut vous encourager dans votre œuvre, je vous dirai que cette persécution n'a pas été inutile.

La pire destinée qu'aurait pu rencontrer à sa naissance

cette Université catholique, qui vous a coûté tant de dévouements et tant de sacrifices, n'aurait-ce pas été de ne pas réaliser entièrement son but, d'être quelque chose de mal défini, de ne pas abriter dans ses murs déjà redoutés des convictions religieuses totales et inébranlables, de se laisser prendre aux séductions d'une injuste marâtre qui ne demande qu'à l'étouffer, ne pouvant obtenir son silence ! *(Longues acclamations.)*

Il faut que la persécution, dès votre berceau, vous apprenne à vous défendre du langage perfide d'un gouvernement qui n'a d'autre but que d'écraser la liberté de conscience des catholiques ; il faut que dès les débuts vous ayez senti l'amertume des dénis de justice ; il faut que dès les débuts vous ayez pu développer ce grand et mâle courage, qui, depuis César, est le caractère distinctif de votre nation, dont je connais les élans premiers, mais dont je ne connaissais pas autant la persévérance ! *(Vifs applaudissements.)*

Il faut que vos premiers disciples vous fassent honneur ; qu'ils réalisent le but suprême que vous vous êtes assigné ; qu'ils montrent tout ce que l'âme d'un chrétien renferme de force et d'énergie, malgré tout ce que le monde peut lui faire souffrir ou lui enlever ! *(Applaudissements.)*

Il y a plus encore. Tout à l'heure je vous disais l'impression d'admiration profonde que fait éprouver non seulement au chrétien sympathique, mais à l'étranger même indifférent le spectacle de votre œuvre, la vue de ce magnifique palais élevé aux lettres et à la science chrétiennes. Eh bien ! en voyant une telle œuvre, on se prend à espérer et à croire que, la miséricorde de Dieu aidant, il n'est pas impossible qu'elle réveille dans la France chrétienne un sentiment qui la parcoure d'un bout à l'autre de son territoire, et qui relève un jour vos vieux étendards ! *(Longues et enthousiastes acclamations.)*

Il y a deux France, Messieurs : la France athée et la France chrétienne ; la France frivole et mondaine, qui se contente de régner dans le monde en établissant les lois de la mode, et la France sérieuse, la France historique, la France chevaleresque, la France généreuse, l'aînée des nations chrétiennes, la France qui engendre les champions de toutes les nobles causes, et surtout des causes trahies par la fortune.

Ressuscitez cette France-là, Messieurs ! Il y a, parmi vous, tant de trésors qui vous sont légués comme un héritage par des siècles chrétiens : cette générosité, ce bon sens, cette langue lumineuse, cette grâce séduisante, cette politesse innée, dons heureux qui survivent dans tous les fils de votre race, lors même qu'ils ont perdu le trésor des qualités chrétiennes, et qui ne sont autre chose que le dernier rayonnement de vos antiques vertus.

La France autrefois a fait les croisades ; elle a incarné son génie dans une littérature immortelle ; elle a promené partout ses drapeaux pour la défense des idées, et ses missionnaires sont allés plus loin que ses canons et que ses vaisseaux ! *(Applaudissements.)*

Restaurez par l'Université catholique ce monde nouveau, ces familles chrétiennes, ces grands courages, ces mâles intelligences, cette action sociale. Et quand, après des épreuves sanglantes peut-être, après que l'impiété, conduite par la main de Dieu, aura donné sa mesure, la nation française, écrasée sous ses ruines, élèvera vers Dieu un acte de repentir capable de la sauver. — Alors, Messieurs, alors vous percevrez les fruits de votre Université catholique ; alors vous verrez à l'œuvre les chrétiens que vous aurez formés, et alors aussi l'Université pourra dire comme cette héroïne qui sauva la France dans un moment désespéré : « Mon drapeau était à la peine, c'est raison qu'il soit à l'honneur ! » *(Longues salves d'applaudissements.)*